MÉDECINIANA.

MÉDECINIANA;

OU

RECUEIL D'ANECDOTES

MÉDECI – CHIRURGICO – PHARMACOPOLES.

AVIGNON,

Chez J.-A. JOLY, Imprimeur-Libraire.

1813.

Les cinq exemplaires exigés par la Loi du 5 Février 1810, ont été déposés.

MÉDECINIANA.

Abstinence.

Un certain frere Jean, hermite de Lorraine, ayant appris que J. C. avoit été quarante jours sans prendre nourriture, le bon homme résolut de l'imiter au pied de la lettre. Pour cet effet, il alla se blottir dans le cœur d'un vieux chêne de la forêt voisine de sa retraite, au pied duquel étoit une fontaine. On assure qu'effectivement il y passa un carême tout entier sans autre aliment que de la belle eau claire, qu'il buvoit à longs traits, pour empêcher ses entrailles de se rétrécir.

Au bout de quarante jours l'a-
nachorete , se croyant confirmé
en grace , quitte sa caverne , retourne au village , va se placer
dans le confessionnal de l'église
paroissiale , et invite les paroissiens à s'approcher de lui pour
recevoir l'absolution de leurs pé-
chés. Le curé du lieu , ne sachant
ce que cela signifioit , et ne devi-
nant point que le prétendu con-
fesseur étoit devenu fou , envoya
son maître d'école pour le tirer
du confessionnal. Le saint hermite refusa d'en sortir, et , pour
se débarrasser de l'importun qui
le tiroit par sa robe , il le tua
d'un seul coup de couteau.

On saisit d'abord l'assassin ; et
comme dans ce pays-là les lois
pénales sont assez expéditives ,
le coupable fut condamné à mort ,
et conduit à Nancy , pour y être
exécuté. Là, des juges plus éclai-

rés et moins brusques que les premiers , s'aperçurent que le criminel étoit absolument insensé; de sorte qu'ils se virent obligés de commuer son supplice en une prison perpétuelle. C'est-là où je l'ai vu de mes propres yeux , dit M. *Duval*, qui rapporte ce fait dans ses œuvres , tom. II, pag. 112, et où il lui est arrivé la siguliere aventure que vous allez lire.

Après avoir croupi dans cette prison pendant dix à douze ans , le démon de l'oisiveté et de l'ennui lui suggéra le désir de vouloir connoître la conformation intérieure de son corps, et sur-tout ce qu'il avoit dans le ventre. Muni d'un fragment de vitre qu'il s'étoit procuré , on ne sait comment , après s'être dépouillé plus qu'à demi et assis par terre , il se fendit le ventre de haut en bas , et

en tira les intestins , qu'il éten-
dit sur ses genoux , pour mieux
les examiner. Là , tandis qu'il con-
temploit ce merveilleux labyrin-
the , le geolier étant venu lui
apporter sa nourriture ordinaire ,
et voyant cet étrange étalage , se
mit à crier au secours de toutes
ses forces. » Du nombre de ceux
» qui accoururent, dit M. Duval,
» étoit un habile chirurgien , qui
» r'habilla le trop curieux frere
» Jean , lui remit les entrailles où
» elles étoient auparavant, et réus-
» sit si bien , que le malheureux
» hermite a encore vécu cinq ans
» après cette opération. «

Grossesse.

Livie , femme de Tibere , avant
de l'être d'Auguste , étoit enceinte,
et désiroit ardemment d'avoir un
fils. Pour découvrir si ses vœux
seroient accomplis , elle eut re-

cours à toutes les superstitions qui étoient alors accréditées : elle imagina en conséquence de couver et de faire éclore dans son sein un œuf, augurant du sexe de son enfant par celui du poussin qui en viendroit. Ce fut un mâle qui naquit, avec une belle crete, et le hasard voulut qu'elle accouhât ensuite d'un garçon, qui fut l'empereur Tibere. Les augures ne manquerent pas de publier par tout ce fait, pour prouver leur art.

Nous avons vu la même chose arriver à Paris, il y a quelques années, c'est-à-dire, un poulet provenu d'un œuf couvé dans le sein d'une demoiselle. C'est dans celui de mademoiselle B... qui a épousé depuis M. F. graveur. Le journal encyclopédique de l'année 1776, tom. III, part. II, fait mention de cette anecdote.

Dans une lettre qu'une dame de province écrivoit à son mari, qui étoit à Paris depuis quelques mois, après lui avoir parlé d'affaires, elle finissoit ainsi : *Je te dirai pour nouvelles que mesdames une telle et une telle sont grosses, que mesdames telle et telle se vantent de l'être, et que mesdemoiselles telle et telle craignent de l'être. Il n'y a que moi qui ne le suis point : tu devrais mourir de honte.*

———

Lorsque la reine Anne d'Autriche devint enceinte, après une stérilité de vingt années, le curé de Saint-Germain-l'Auxerrois, qui étoit un homme simple, monta en chaire pour annoncer dans son prône la grossesse de la reine ; il dit : *Mes Freres, si la reine nous donne une princesse, nous*

n'en serons gueres plus avancés,
à cause de la Loi Salique : ainsi
priòns Dieu qu'elle ait un prince : cependant, mes *Freres*,
ajouta-t-il, *il y a ce qu'il y a*,
prions Dieu pour son ame.

———

Nicolas, de trop près, ayant vu Jac-
    queline,
Il en parut soudain un tendre fruit
    d'amour.
Leur curé, soit par zele ou par humeur
    chagrine,
Quelle honte ! dit-il, *enfans du noir*
    séjour :
C'est ainsi qu'on se livre à l'éternelle
    flamme.
Quoi ! reprit Nicolas, *j'en aurois du*
    remords ?
Ma Jacqueline et moi n'avons fais que
    le corps ,
Et si cela étoit un mal, Dieu n'eût pas
    bouté l'ame.

Médecin.

Nous ne garantissons pas l'anecdote suivante , que nous certifions cependant avoir lue quelque part. Dans le duché de Wirtemberg le bourreau n'est point regardé comme infâme : on boit, on mange , on commerce avec lui. Chaque exécution qu'il fait , lui acquiert un titre d'honneur ; et lorsqu'il en a fait un certain nombre, il est honoré du grade de docteur en médecine. S'il est vrai que dans tous les pays les bons médecins ne se forment qu'à force de tuer les hommes , au moins n'est-ce pas en les pendant. Plaisante façon , pour obtenir les grades en médecine , que celle de pendre et de rouer les voleurs de grands chemins !

Accouchement.

A Madagascar , quand les femmes accouchent , elles disent à leurs maris si elles ont eu affaire à d'autres hommes , nomment ceux avec qui elles ont eu affaire , et déclarent toutes les circonstances. Elles sont si persuadées que si elles en omettoient quelqu'une , elles mourroient en travail , qu'il n'en est aucune qui , dans cet état, ne fasse sa confession. Celles qui meurent en travail sans avoir rien révélé , coupables ou non , sont déshonorées dans la mémoire des autres femmes. Ne fût-ce que pour le repos des familles , et sur-tout celui des maris, la galanterie française n'admettra jamais une pareille loi. Nous en avons une bien opposée ; c'est celle qui dit : *Pater ille est quem nuptiæ demonstrant.*

Cœur. — *Description du cœur d'une coquette.*

Il n'y a rien dans notre art de plus difficile , que d'exposer fidel-

lement toutes les parties du cœur
d'une coquette, à cause d'une in-
finité de labyrinthes et de replis
qu'on y trouve, et qu'on ne ren-
contre pas ordinairement dans celui de l'homme. En examinant
l'enveloppe extérieure, qu'on appelle *péricarde*, j'y apperçus, à
la faveur du microscope, des mil-
lions de petites cicatrices.. La liqueur qui enduit cette membrane
avoit toutes les qualités de l'esprit
de vin, et étoit assez abondante.
J'en remplis un tuyau semblable
à celui des thermometres : l'ayant
suspendu dans une chambre, je
remarquai que la liqueur montoit
ou descendoit, suivant les personnes qui entroient. Ainsi elle
montoit à l'approche d'un jeune
homme fort et vigoureux, et descendoit presque jusqu'en bas à
l'approche d'un vieillard. La sur-
face extérieure de ce cœur étoit

si polie et sa pointe si froide , que
lorsque je voulus le saisir , il m'é-
chappa des mains comme une an-
guille. Les fibres en étoient beaucoup plus entrelacées qu'à l'ordinaire, au point de former un vé-
ritable nœud gordien.

Quelque attention que j'aie ap-
porté à suivre le cours des vais-
seaux qui en sortoient ou qui
aboutissoient, je n'ai jamais pu
découvrir aucune anastomose ou
communication avec ceux de la
langue. Plusieurs des nerfs qui
contribuent à faire sentir les fortes passions , telles que l'amour ,
la jalousie , la haine , ne descen-
doient pas du cerveau , mais des
muscles des yeux. Je voulus juger du poids de ce cœur : je le
pris dans la main : je le trouvai
si léger , que je n'eus pas beaucoup de peine à conclure qu'il y
avoit beaucoup de vuide. Ne sa-

chant trop à quoi m'en tenir sur la nature d'un cœur si différent de celui des autres femmes, je crus devoir tenter quelque épreuve pour en découvrir la substance : je le mis sur des charbons ardens; mais, ô prodige ! Bien loin d'être consumé par le feu, il n'en reçut pas la moindre atteinte. Il falloit donc qu'il fût bien froid, lorsqu'il exerçoit ses fonctions vitales.

La sensitive.

Une princesse qui connoissoit la vertu de la sensitive, se promenant dans un jardin où il y en avoit, fit accroire à ses filles d'honneur qui l'accompagnoient, que cette herbe ne se retiroit que lorsqu'une femme, ou une fille qui n'étoit pas vierge, en approchoit. Pour preuve de ce que je vous dis, ajouta cette dame, c'est qu'elle va se retirer de moi qui suis mariée , si j'en approche ; ce qui arriva , en effet , et étonna beaucoup les filles. Mais elles le furent bien plus, lorsqu'une d'elles s'étant approchée par l'ordre de la princesse , elles virent la plante se retirer. On se doute bien qu'aucune des autres ne voulut tenter l'expérience.

Maigreur.

Un particulier passant à côté d'une demoiselle qui étoit fort maigre ,dit assez haut pour qu'elle l'entendît : *Avec un tel fuseau, il ne faudroit plus que du lin.* Elle répliqua sur le champ : *Un aiguillon , quoique très - délié , ne laisse pas de faire aller un âne.*

Dentiste.

Un arracheur de dents, qui prétendoit ne mentir jamais , exerçoit , depuis quelque tems , son art dans la ville de Rouen ; il parloit haut , et toujours vantoit sa dextérité et ses prouesses ; il aimoit son métier jusqu'à la fureur , et regardoit les dents qu'il avoit arrachées comme autant d'escadrons renversés , et de trophées élevés à sa gloire. Il avoit commencé par distribuer , pendant trois jours , force billets imprimés , où il assuroit , avec autant de vérité que tous ses autres confreres , qu'il arrachoit, sans douleurs , toutes les dents , tant grosses que petites. Sa gloire, aussi brillante , mais aussi fragile que le cristal , est venue échouer contre un chicot obstiné. Voici le fait.

Le laquais d'un de nos magistrats vint chez notre artiste pour se plaindre d'un reste de dent qui le gênoit beaucoup, sur-tout lorsqu'il mangeoit. L'examiner , offrir ses services, manquer la dent une fois, deux fois, et même jusqu'à trois fois, tout cela fut l'affaire d'un moment. Le laquais, qui saignoit fort, avoit de l'humeur, et la témoignoit en termes énergiques : l'opérateur, tout en rougissant, accusoit tantôt ses instrumens, tantôt l'impatience du patient. Les assistans haussoient les épaules et rioient. Cependant, le dentiste, qui s'apperçut de ce ris, dit : Vous riez, Messieurs, eh bien ! apprenez qu'après moi il n'y a point en France de dentiste capable de tirer ce chicot ; je parie tout-à-l'heure.... Tout beau, Monsieur, ne pariez pas, lui répondit un des assistans : car, si M. la Fleur le permet, avant deux minutes je tire ce malheureux chicot. Aussitôt dit, aussitôt fait, et d'un coup de main aussi léger que prompt, la dent sort de la

Bouche avec l'instrument. La vue du chicot ensanglanté, le regard malin des spectateurs, la joie de la Fleur, pétrifièrent le pauvre dentiste, mais sans lui faire perdre la tête. Je vois bien, Monsieur, dit-il au nouvel opérateur, que vous êtes du métier; mais le diable me damne, si jamais vous eussiez tiré cette dent, avant que je l'eusse ébranlée. L'élève en chirurgie (car c'en étoit un), piqué de cette rodomontade, répliqua : Asseyez-vous là, et si je ne vous arrache pas toutes les dents les unes après les autres, sans en manquer une seule, je consens... Il n'est pas nécessaire, reprit le dentiste; je vois que vous êtes un habile homme, et le seul que j'aie rencontré ici en état de me tenir tête.

———

Un de ces personnages enjoués,

qui faisoient leur joujou du grand Poinsinet , va , un après - dîner , chez un arracheur de dent , qu'il savoit qu'on ne trouvoit pas chez lui à cette heure - là : il entre un mouchoir sur la bouche , et jetant les hauts cris : Une dent , dit-il à l'épouse du dentiste , me fait souffrir comme un damné : ah ! quel malheur , Madame , que votre mari ne soit point ici. J'étois décidé à faire arracher ma dent ; une autre fois je ne le voudrai peut-être pas. Priez au moins M. B.... de venir demain matin chez moi ; je m'appelle Poinsinet , et voici mon adresse ; mais surtout que monsieur votre époux ne parle point d'arracher ma dent , qu'il ne me montre point ses outils ; qu'il tâche de me la tirer par surprise. La mauvaise nuit que je vais passer ! Il dit , et part.

Le lendemain matin , le dentiste

arrive chez M. Poinsinet, ne décline ni son nom , ni sa qualité : mais il complimente l'auteur sur ses ouvrages : autre compliment sur la beauté de ses dents. Le petit homme , amateur de sa figure, les montre avec complaisance. Le dentiste , sous prétexte de les examiner , le prie d'ouvrir la bouche, approche la main droite qui receloit un outil. Crac.... aye.... la voilà , Monsieur ; vous devez être bien content; la voilà cette malheureuse dent qui vous faisoit tant souffrir. Coups de pieds de la part de l'édenté , coups de poings du dentiste. On arrive au bruit. L'arracheur répete aux survenans : *mais la voilà....* Poinsinet le chasse dans l'escalier : il répétoit encore : *mais la voilà, mais la voilà.* Cette anecdote est tirée d'une brochure qui a paru en 1770, intitulée : *L'ombre de Poinsinet.*

Mélancolie.

Boerhaave parle d'un de ces fous à qui un jour il passa par la tête de ne plus uriner, pour ne pas inonder la ville où il demeuroit. Il seroit mort de cette folie, si un médecin n'avoit imaginé de faire crier autour de lui que le feu étoit dans la ville, et qu'elle alloit être consumée, s'il n'avoit pas la bonté de rendre son urine, pour éteindre l'incendie. Cette raison parut si bonne au mélancolique, qu'il urina, et fut guéri.

Vapeurs.

Le comte de Bussy étant un jour entré aux Petites-Maisons, trouva dans la cour un homme qui lui parut moins fou que les autres : il lui demanda quelle étoit la folie de la plupart des gens qui étoient-là. Ma foi, Monsieur, lui répondit cet. homme , c'est bien peu de chose. On nous fait passer pour fous , parce que nous sommes misérables : si nous étions des gens de qualité , on diroit que nous avons des vapeurs , et on nous laisseroit courir les rues.

L'homme le plus sujet aux vapeurs , que j'ai connu , dit un auteur moderne (l'abbé Leblanc , lettres sur les Anglais , tom. I , lettre 27) , n'en avoit de violens accès , que lorsqu'il étoit sans argent. Son mal augmentoit ou diminuoit , suivant que sa bourse étoit plus ou moins vuide , en sorte qu'elle étoit le thermometre infaillible de sa maladie. La veille de l'attaque la plus vive qu'il ait eue , il avoit perdu deux cens louis au pharaon.

Pilules.

On lit dans les ouvrages du

célebre, *Pogge* le conte suivant:
Un charlatan n'avoit qu'une espece
de pilules pour toutes les mala-
dies. Un paysan vint le prier de
lui faire retrouver son âne qu'il
avoit perdu. L'empyrique voulant
paroître ne rien ignorer, lui fit
avaler la pilule , et l'assura que
bientôt il retrouveroit sa mon—
ture, Notre idiot reprend le chemin de sa maison , comptant bien
sur la promesse du charlatan :
mais l'opération du remede se
faisant bientôt sentir , il s'écarte
du chemin pour en aller porter
les effets dans un champ , où le
hasard veut qu'il retrouve son
âne. Voilà , s'écria-t-il , un grand
médecin.

Abcès.

Un cardinal étoit réduit presqu'à l'extrémité par un abcès
à la gorge qui ne pouvoit crever,

2 . . .

Un singe qui étoit dans sa chambre, se saisit de sa calotte rouge qu'il mit sur sa tête, et se présenta ainsi coiffé devant son éminence ; le cardinal fit un si grand éclat de rire, que l'abcès creva, et qu'il guérit.

Saignée.

Le maréchal de.... étant en voyage, se trouva incommodé au point d'être obligé de s'arrêter dans un village pour se faire saigner : on avertit le chirurgien du lieu, dont l'air embarrassé n'inspiroit pas beaucoup de confiance au malade. Cependant le maréchal donne son bras, qu'il retira un peu, lorsqu'il étoit sur le point d'être piqué. *Il me semble*, dit le chirurgien, *que Monseigneur craint la saignée. Non pas la saignée, mais le saigneur*, répondit le maréchal.

Un paysan, condamné à être pendu, et prêt à subir la sentence, envoya chercher un chirurgien, à qui il dit : » Je n'ai jamais été » saigné, Monsieur ; mais ayant » entendu dire que la premiere » saignée sauvoit la vie, je vous » prie de me la faire. «

———

» Il est d'usage en Savoie, dit » *Ménage*, que celui qui est sai- » gné reçoit des présens. Un jeune » homme qui s'étoit fait saigner, » en ayant reçu un de sa maîtresse, » lui écrivit ; *Je vous remercie de* » *votre présent pour la plaie de* » *mon bras, mais celle du* » *cœur !* «

Hémoptysie.

Pline, le naturaliste, dit que, pour se guérir d'un crachement de sang, *Melissus*, célebre poëte latin tragique , garda trois ans le silence. Peu de gens seroient capables d'user d'un tel remede.

Goître.

Tout le monde sait qu'il y a dans les montagnes des Alpes un village , où tous les habitans sont attaqués du goître , mot corrompu du latin *guttur* , gorge, maladie , au surplus , qui est une tumeur mobile , laquelle a son siége au-devant du col , sans changer la couleur de la peau.

Un étranger entra dans l'église de ce village, lorsque le curé faisoit le prône. Tous les paroissiens le regarderent d'abord avec étonnement , parce qu'il n'avoit point de goître ; ils se mirent bientôt à sourire , et même à faire du tumulte ; ce qui ne put arriver , sans que le curé s'en aperçût. Alors il interrompit son discours , et

leur dit : » Hé ! Messieurs, où est
» donc la charité chrétienne ?
» Croyez-vous que cet étranger,
» parce qu'il lui manque un goître,
» soit moins agréable que vous
» aux yeux de Dieu ? Ne vaudroit-
» il pas mieux aller en paradis
» sans goître, que d'aller en
» enfer avec le goître le plus
» beau ? etc. etc. «

Vessie.

Les Hottentots ont institué une espece de chevalerie qu'ils appellent *l'ordre de la vessie ou de l'urine*, et qu'ils regardent comme très-honorable. Il n'est composé que de ceux qui, dans un combat particulier, ont tué un lion, un tigre, ou un léopard, etc. L'installation du héros se fait en s'accroupissant au milieu d'un cercle d'hommes, dont le plus vieux pisse sur lui, depuis la tête jusqu'aux pieds , en prononçant certaines paroles. Si le vieillard est ami du récipiendaire , il l'inonde d'un déluge d'urine , et l'honneur augmente à proportion de la quantité qu'il en répand. Le monument de la gloire du nouveau chevalier , ou le cordon de l'ordre , est la vessie de l'animal qu'il a tué , et il la porte suspendue à sa chevelure comme une marque de distinction : *verroit-on* , dit M. l'abbé de la Porte , qui rapporte cette anecdote dans son *Voyageur français* , tom. XIV , pag. 87 , *tant de cordons en Europe , s'ils ne se donnoient qu'à pareil prix ?*

Chirurgien.

L'opéra-comique a joué , en 1736 , une piece intitulée : *Arlequin , chirurgien de Barbarie ,* dont voici le canevas : deux hommes amenent Scaramouche , officier français , blessé à la bataille de Parme , d'un coup de fusil , dont la balle est restée dans le corps. Dans quel endroit , demande Arlequin ? Dans le bras droit , répond Scaramouche. Arlequin , sans hésiter , lui coupe entiérement le bras droit *pour extirper* , dit-il, *la cause du mal.* Scaramouche se plaint alors que la balle est passée dans le bras gauche : Arlequin ne balance pas , et fait une nouvelle amputation : enfin , il lui coupe successivement les deux cuisses , où la balle s'étoit réfugiée. Lorsque Scaramouche est ainsi mutilé, on l'emporte, et la parade finit. Si la balle se fût avisée de se réfugier dans la tête , sans doute qu'Arlequin l'auroit aussi amputée.

Colique.

Bousquet , qui se signala dans
l'emploi de *fou du roi* , sous les
regnes de Henri II , François II
et Charles IX , se mêloit aussi
de faire la médecine. Etant allé
voir , par l'ordre de François II ,
un ambassadeur qui avoit une vio-
lente colique , il lui dit , qu'étant
lui-même fort sujet à cette maladie , il usoit alors d'un remede
qui le soulageoit très - prompte-
ment. » Quand la colique me
» tient , dit - il , je mets le doigt
» d'une main par le bas , et le
» doigt de l'autre main par le
» haut , c'est-à-dire , l'un dans la
» bouche , et l'autre dans l'en-
» droit opposé , et les changeant
» de tems en tems pendant l'espace
» d'une demi-heure , les vents se
» dissipent par les deux endroits,
» et je suis soulagé. «

Brantome , qui a donné sur ce fou un mémoire fort étendu, dans la seconde partie de ses *capitaines étrangers*, dit que l'ambassadeur le crut , et en fit l'essai une bonne demi-heure à bon escient , et qu'il en fit le conte dans la chambre du roi , où il en fut ri.

Rage.

Un particulier que des affaires importantes appeloient à Versailles , prit une voiture de la cour , et se trouva à côté d'un chanoine, dont l'embonpoint étoit énorme , et qui l'enveloppoit , pour ainsi dire , dans sa vaste rotondité ; ne sachant comment se délivrer de cet incommode voisin , le particulier, homme d'esprit , s'avisa d'amener la conversation sur le motif qui conduisoit les deux voyageurs. — Pour moi , dit le gros chanoine, en prenant de plus en

plus ses aises , au risque d'étouf-
fer son malheureux compagnon,
je vais passer une quinzaine de
jours chez un prieur de mes amis,
où je compte m'amuser délicieu-
sement.... — Hélas ! reprit le
particulier , en poussant un pro-
fond soupir , on m'a conseillé les
bains de mer pour achever de me
guérir des attaques de rage , qui
me prennent encore quelquefois,
malgré tout ce qu'ont pu faire les
plus habiles médecins de Paris.
Dès que je serai à Versailles , je
louerai une voiture pour gagner
le premier port de Normandie.
— O ciel ! vous êtes enragé , s'é-
cria le chanoine. Cocher, arrête,
arrête , que je descende. On eut
beau dire , il voulut absolument
descendre , et fit le reste de la
route à pied , laissant son compagnon de voyage fort à l'aise
dans la voiture , et se félicitant
beaucoup de sa ruse.   *Amput.*

Amputation.

Le trait suivant mérite d'être cité. A la bataille d'Aberdeen en Ecosse, en 1644, où commandoit le marquis de Montrose, un Irlandois eut la jambe presqu'entiérement emportée par un boulet de canon, ensorte qu'elle ne tenoit plus que par un reste de chair ; il prend son couteau, se coupe lui-même ce reste de chair, puis donne sa jambe à un de ses camarades pour la faire enterrer. Il guérit de sa blessure et fut fait cavalier.

En 1781 ou 82, un Anglais va trouver un chirurgien habile de cette ville, dont le nom ne nous est pas parvenu. — Monsieur, vous voyez cette bourse ; elle contient cent guinées, et sera le salaire de l'opération dont je vais vous charger, si vous la faites avec succès : dans le cas contraire , ce pistolet punira votre refus ou votre mal-adresse. — De quoi s'agit-il ? — Il me faut couper cette jambe. — Mais , Monsieur, elle est saine , dans le meilleur état : je ne puis ni ne veux vous faire , sans nécessité quelconque, une opération aussi cruelle. — Ne balancez pas un instant à me satisfaire , ou votre vie. — Je n'ai ni instrumens ni bandages préparés. — J'ai prévu cette objection, et je me suis muni de tout ce qui est nécessaire : vous n'avez donc point de prétexte ; opérez.... Il fallut que , malgré lui , le chirurgien déplaçât du corps, une jambe qui y convenoit très-bien , mais qu'une fantaisie singuliere avoit proscrite. L'Anglais guérit et retourna dans sa patrie , avec une jambe de bois.

On assure que le chirurgien,

quelque tems après , reçut de
cet original une lettre conçue en
ces termes : » Recevez , Monsieur,
» pour témoignage de ma vive
» reconnoissance , la lettre de
» change incluse de deux cent
» cinquante guinées , sur M. Pon-
» chaud ; vous m'avez rendu le
» plus heureux de tous les hom-
» mes, en m'ôtant un membre
» qui mettoit à mon bonheur un
» obstacle invincible. Ce langage
» vous paroîtra celui d'un fou ,
» et vous aurez raison de me
» juger tel , si l'homme le plus
» passionné mérite cette épi-
» thete. J'aime , que dis - je ?
» j'adore une femme charmante,
» sans laquelle l'existence m'étoit
» à charge , et dont le sacrifice
» d'une jambe pouvoit seul m'ob-
» tenir la main. Je m'y suis dé-
» terminé , dès le moment que
» j'ai su le motif de sa résistance.

» Elle n'avoit qu'une jambe, et
» ne vouloit pas que j'eusse, de
» ce côté, sur elle, une supé-
» riorité qu'elle croyoit me met-
» tre dans le cas de lui faire des
» reproches. Injuste qu'elle étoit!
» tant d'autres avantages assu-
» roient son empire sur l'amant
» le plus tendre ! Enfin, Mon-
» sieur, de retour à Londres, ma
» situation l'a subjuguée : nous
» nous sommes unis, et je trouve
» une consolation bien puissante,
» de la privation à laquelle j'ai
» consenti, par la ressemblance
» qu'elle me donne avec l'objet
» de tous mes vœux. Qu'est-ce,
» après tout, que cette privation,
» au prix de la jouissance qu'elle
» m'a procuré? Et quel est l'homme
» qui ne s'y résoudroit pas, pour
» la possession d'une épouse qui
» doit faire son bonheur ! «

Verrue.

Les Anglais du commun prétendent que c'est un signe heureux d'avoir une verrue au visage, et attachent beaucoup d'importance à la conservation des poils qui naissent ordinairement sur ces sortes d'excroissances.

Urine.

Une des femmes bien aimées de Mahadi, fils d'Almanzar, et calife en 776, attaquée depuis long-tems d'une maladie inconnue, charge une de ses servantes d'aller consulter, avec une bouteille de ses urines, un nommé Isa, qu'on disoit savoir découvrir la cause de tous les maux par l'inspection des urines. La servante obéit ; et pour n'être point trompée, dit au médecin, que l'urine qu'elle lui présentoit, venoit d'une pauvre femme qui avoit grand besoin de son secours. D'une pauvre femme, reprit aussitôt Isa ! Non, non, c'est celle d'une grande princesse qui est enceinte d'un roi. La servante rapporta cette réponse à la princesse, qui d'abord fit présent à l'Esculape de trois cents pieces d'or et de deux magnifiques habits, avec promesse que si la derniere partie de sa réponse se vérifioit, elle le feroit entrer dans la maison du calife. Le bonheur le servit, on ne peut mieux ; car la princesse accoucha effectivement quelque tems après d'un prince. Elle parla d'Isa au calife, qui le fit son premier médecin, et le combla de graces. Isa eut la bonne foi d'avouer qu'il falloit qu'il eût parlé par quelqu'inspiration, avant dit au hasard ce qui lui étoit venu dans l'esprit, et ayant cru bien faire de prendre le contre-pied de ce qu'avoit dit la servante.

———

Il existe un tableau du sacrifice d'Abraham, où ce patriarche est représenté tenant un fusil pour tuer son fils Isaac, et, au-dessus, un ange qui, par son urine, qu'il répand sur le bassinet du fusil, empêche le coup de partir. Quelle singuliere idée de peintre !

M. Pousse.

Un particulier vint un jour trouver M. Pousse, pour le consulter sur l'espece d'inquiétude qu'il avoit, de ce qu'il ne pouvoit avoir d'enfant, ce qu'il croyoit pouvoir attribuer à ce que sa femme étoit mal conformée. M. Pousse, après l'avoir bien écouté, bien questionné, le congédia avec cette seule ordonnance :

Ta femme est très-bien conformée.

POUSSE.

Plaie.

Un avare qui devoit se battre en duel, fit auparavant son marché avec un chirurgien, à un louis par plaie pour le traitement. Après le combat, la difficulté fut de régler le prix des plaies qui perçoient de part en part. Le chirurgien vouloit avoir deux louis pour celles-là : l'avare n'en vouloit donner qu'un, parce que, disoit-il, l'épée n'a percé qu'une fois ; comme ils ne purent s'arranger, l'avare dit : eh bien ! ne pensez ces plaies-là que d'un côté.

Lavemens.

Le cardinal de Richelieu, tourmenté de la colique, voulut prendre un lavement. Il fit avertir son apothicaire , qui , étant malade , envoya son premier garçon , pour administrer au cardinal le lavement , et lui recommanda surtout de ne pas oublier de se servir toujours du mot éminence. Ce garçon , trouvant de la difficulté à introduire la canule , dit au cardinal : » S'il plaisoit à votre » éminence de l'introduire elle- » même , je risquerois moins de » la blesser , attendu que votre » éminence a deux éminentissimes » éminences qui empêchent l'en- » trée du canon dans son lieu. » Allez , mon ami , dit le cardinal » en éclatant de rire , allez assu- » rer votre maître que vous êtes » aussi mauvais orateur , que mau- » vais opérateur. «

—————

Une Italienne qui se mêloit , en Turquie , de la médecine , et de distribuer des médicamens , fut appelée chez la femme d'un pacha. Elle proposa un lavement. Comme les Turcs ne connoissent point ce remede, les femmes qui étoient autour du lit de leur maîtresse , lui en demanderent l'explication. L'Italienne leur donna, le mieux qu'elle pût , une idée de la seringue et de l'usage qu'elles devoient en faire. Ces femmes éclaterent de rire , lorsqu'elle eut achevé sa description. On la pria néanmoins d'apporter son remede le lendemain.

Ce médicament leur ayant paru très-singulier , elles crurent devoir s'en défier , et , de concert avec leur maîtresse , elles firent le complot d'en faire l'épreuve sur celle même qui l'avoit proposé. Celle-ci , prévoyant que la malade seroit long-tems à se résoudre à prendre son lavement , l'avoit mis très-chaud dans la serin- gue. Lorsqu'elle fut entrée dans l'appartement, les esclaves vin- rent avec empressement pour voir cette machine inconnue, dont elle leur avoit parlé. Elle leur montra comment on s'en servoit, et quand elles se crurent assez sa- vantes, la maîtresse ordonna d'en faire l'essai sur la femme-docteur.

Quatre esclaves des plus fortes la saisissent, et l'ont bientôt mise dans la situation de faire la pre- mière l'épreuve de son remede. On lui donna le lavement, qui lui brûloit les entrailles, à me- sure qu'il pénéroit. Mais les cris affreux qu'elle poussoit, bien loin de faire quitter prise à ses bour- reaux, les excitoient, au con- traire, à n'en pas laisser perdre une goutte. Après cette cruelle opération, on jeta l'Italienne hors des appartemens, en insultant à sa douleur par des éclats de rire, qui firent accourir tous les eunuques. Elle passa au milieu d'eux; et comme elle avoit rendu le lavement, dans l'instant qu'on l'avoit laissée en liberté, la puanteur qui en résultoit, augmentoit leur étonnement, ensorte qu'ils la suivoient avec des huées. Cette aventure fit beaucoup de bruit dans tout le pays, et le préjugé contre les lavemens s'accrut toujours' de plus en plus parmi les femmes turques. *Voyageur français*, tom. *I*, pag. 224.

Boiteux.

Un Picard étant déjà à l'échelle pour être pendu, on lui présenta, comme c'est l'usage dans certains endroits, une femme de mauvaise vie, qu'on lui proposa d'épouser, pour obtenir sa grace. Il la regarda un moment, et ayant remarqué qu'elle boitoit, *elle boite*, dit-il au bourreau : *attache*, *attache*. Ce fait est rapporté par *Montagne*.

Fracture.

Une femme vive et acâriatre prenoit plaisir à fatiguer la patience de son mari. Un jour qu'elle l'avoit poussé à bout, il prend un bâton, et lui casse un bas. Un chirurgien habile réduisit la fracture, et la malade fut bientôt guérie. Mais pour faire perdre à son mari la fantaisie de la maltraiter dorénavant aussi cruellement, elle engagea le chirurgien à demander pour ses honoraires une somme très-forte ; ce qu'il fit. Voilà, dit le mari, en présence de sa femme, la somme que vous me demandez, et en voilà autant pour la guérison de l'autre bras de ma femme, que je lui casserai à la premiere querelle que nous aurons ensemble. La femme ne se mit pas , je crois, dans le cas de faire gagner au chirurgien ces nouveaux honoraires.

Epictete , célebre philosophe du premier siecle , avertissoit Epaphrodite , son maître , qui lui manioit rudement la jambe , qu'infailliblement il la lui casseroit. Cependant , celui-ci continuoit toujours , si bien qu'effectivement il la lui cassa. Epictete lui dit sans se mouvoir : *Ne vous l'avois-je pas bien dit !* Remarquons en passant que de tous les philosophes anciens , Epictete est celui dont la doctrine et la morale approchent le plus du christianisme. Aussi saint Augustin a-t-il souhaité que Dieu ait usé de miséricorde envers lui. Celsus opposant aux chrétiens ce trait de modération du philosophe grec, leur disoit : *Votre J. C. a-t-il jamais rien fait de si beau à sa mort ? Oui*, dit saint Augustin, *il s'est tu.*

Un homme reçoit, d'un port de l'Amérique, une lettre conçue en ces termes : » Je suis en-
» fin arrivé ici, après une traver-
» sée heureuse ; elle n'a même pré-
» senté aucun événement remar-
» quable ; celui-ci seul peut mé-
» riter votre attention. Un mousse
» est tombé du haut du mât sur le
» pont, et s'est cassé une jambe :
» le chirurgien du vaisseau la lui
» a liée fortement avec une corde,
» et un moment après, le blessé
» a pu se servir de sa jambe,
» comme avant l'accident. Je ne
» puis trop admirer l'adresse de

» l'opérateur , et l'entier .succès
» qu'il a obtenu. « Cette lettre,
lue dans une société nombreuse
de chirurgiens , a donné lieu à
une longue discussion. Si le fait
n'eût pas été attesté par un homme
connu et très - digne de foi, on
l'eût rejeté sans aucun examen.
Un des membres de cette illustre
société fit , à ce sujet , un mémoire très - savant , où il démon-
troit de la maniere la plus claire
les moyens physiques par lesquels
avoit pu s'opérer une cure aussi
étonnante. Il ne manquoit plus au
mémoire que l'approbation de la
société , lorsque celui qui avoit
communiqué la premiere lettre,
en reçut une seconde de son ami,
où on lisoit cette phrase : » Je
» crois avoir oublié une petite
» circonstance dans le récit de
» l'événement dont je vous ai fait
» part dans ma derniere ; la jambe
» que

» que le mousse en question s'est
» cassée, étoit de bois. « Le dis-
sertateur en fut pour les frais de
son érudition et pour ses peines.

Délire.

On lit dans les éphémérides
germaniques, qu'un homme, dans
le délire d'une fievre maligne,
s'étant ouvert le nombril, s'arrachoit et défiloit par cette voie
presque tous ses intestins : lorsqu'on tâcha de l'arrêter, il pria
qu'on voulût bien ne pas s'oppo-
ser à ce qu'il tirât les vers de son
corps. Il s'étoit mis dans la tête
que son ventre étoit une miniere
de vers. La mort mit fin à ce
cruel et singulier délire. Quel
étrange effet de l'imagination
blessée ! Que de tourmens souffriroit celui à qui, par violence,
on feroit une opération aussi
cruelle !

Médeciniana.   4

Galle.

Une demoiselle, attaquée de cette fâcheuse maladie, écrivit cette lettre à M. Monnet. » Je ne
» me porte pas bien, mon cher
» Monnet.... j'ai une fievre de
» diable, et je me crois encore un
» peu de galle ; le tout à votre
» service, comme de raison. A
» chaque mot que j'écris, je jette
» ma plume pour me gratter ;
» c'est un plaisir, il n'y a rien
» qui occupe comme la galle. Sans
» badiner, je l'ai, et je la tiens
» d'une jeune demoiselle que je
» n'aurois jamais soupçonnée de-
» voir me faire un si joli présent.
» J'aime à me flatter qu'il m'en
» restera encore assez quand vous
» arriverez, pour vous en don-
» ner votre part ; mais, devriez-
» vous enrager, ce ne sera pas
» de la même façon que je l'ai

» prise.... N'allez pas, au moins,
» conter ma triste aventure à tout
» le palais royal. Comme je vous
» connois discret, je vous per-
» mets seulement de le dire à cinq
» ou six de vos amis, et d'ici à
» trois ou quatre jours, je vous
» enverrai des lettres au soufre.
» Cette galle ne commence à pa-
» roître que d'hier ; ne donnez
» cependant pas cela comme une
» nouvelle sûre. J'ai demandé au
» chirurgien du village si cela du-
» reroit long-tems. Il ma répondu
» d'un air sérieux, à faire mourir
» de rire : *Mademoiselle, dans*
» *quinze jours, vous serez saine*
» *et nette comme une bague*
» *d'argent.* Ne trouvez-vous pas
» cela plaisant ? «

Nez.

Kinperli Numman , qui fut
grand-visir en 1710 , croyoit avoir

toujours une mouche sur le nez : selon lui , il ne l'avoit pas plutôt chassée, qu'elle revenoit l'instant d'après. Les plus fameux médecins furent consultés ; mais les uns se moquerent du visir , et les autres eurent recours au charlatanisme ; ce fut un médecin français , nommé *le Duc* , qui eut l'honneur de cette cure , et voici comme il s'y prit. La premiere fois qu'il fut introduit chez le visir , il se récria , du plus loin qu'il le vit , sur la grandeur et sur la grosseur de cette mouche importune , et gagna d'abord ainsi sa confiance. Après lui avoir donné quelques remedes , sous prétexte de le purger , il se mit un jour en devoir de couper cette mouche avec des ciseaux : pour cet effet, il ordonne au visir de tenir les yeux fermés, donne un coup de ciseau sur son nez , et fait tomber une mouche morte qu'il tenoit dans sa main avec un peu de sang. Il ne fut plus question depuis de la mouche.

—————

Un cordonnier avoit mal au nez ; un chirurgien entreprit de le guérir ; mais les remedes qu'il appliqua ne firent qu'augmenter le mal. Le cordonnier , tourmenté par la douleur, fut obligé de quitter son métier. Le nez lui tomba quelque tems après. Cependant, le chirurgien lui demanda cinquante écus pour ses peines et soins. Mais le cordonnier , au lieu de le payer , alla porter ses plaintes en justice, soutenant que la perte de son nez étoit l'effet de l'ignorance du chirurgien. Avoit-il tort ? avoit-il raison ? C'est ce que nous ignorons. Ce qu'il y a , au moins , de certain , c'est qu'il gagna son procès contre le chirurgien , qui fut condamné à lui payer trois mille livres de dommages et intérêts.

———

On ne peut songer à la comédie des Menechmes , sans se rappeler un de ces bons mots qui naissoient si aisément sous la plume de Regnard , et qui sont toujours d'autant plus piquans , qu'ils sont moins attendus. C'est dans la scène du tailleur , qui s'est dit syndic et marguillier , et qui veut faire payer à Menechme les habits d'un régiment qu'il n'a pas eu. Menechme est furieux , et dit : *Laissez-moi lui couper le net.* Son valet lui répond gravement : *Laissez-le aller ; que feriez-vous , Monsieur , du nez d'un marguillier ?*

Un homme de Bruxelles s'étant fait faire un nez artificiel par l'opération de *Taliacot*, s'en retourna, le visage ainsi réparé dans ses traits, à Bruxelles, son séjour ordinaire, où il continua de vivre bien portant, l'opération ayant bien réussi : mais tout-à-coup, dit-on, le nez factice qu'il s'étoit procuré, devint froid, pâle, livide, se pourrit, et tomba. On ne savoit à quoi attribuer ce changement imprévu, dont on ne voyoit aucune raison sensible. Mais on apprit bientôt que le jour même de la chûte du nez factice à Bruxelles, un crocheteur de Boulogne, qui, pour de l'argent, avoit fourni, pour faire ce nez, une portion de peau prise à son bras, étoit mort dans cette ville, où avoit été pratiquée l'opération.

Un homme, dont le nez étoit fort camard, étant venu à éternuer dans une compagnie assez nombreuse, un des assistans le salua, et lui dit : *Dieu vous conserve la vue !* Celui qui venoit d'éternuer, étonné de ce souhait, en demanda la raison à celui qui le lui avoit fait. C'est, répondit-il, que votre nez n'est pas propre à porter des lunettes.

———

Un particulier avoit la faculté de faire prendre à son nez la direction qu'il vouloit lui donner. Il le tournoit horizontalement, tantôt du côté droit, tantôt du côté gauche ; ce qui lui prêtoit à chaque instant une nouvelle physionomie. Plusieurs peintres ont été dupes de ce stratagême, et ont recommencé plusieurs fois le portrait de cet homme au nez mobile.

Jambes de bois.

Il y a dans le Journal encyclopédique du 15 octobre 1780 , un
assez joli conte intitulé : *Les
jambes de bois.* L'auteur, qui ne
s'est pas nommé, prétend prouver,

*La volupté de deux jambes de
bois ,*

1°. Par l'économie :

Car qui n'a plus de jambes évite la dé-
pense
Qu'il faisoit en bas et en souliers.

2°. Parce qu'il ne craint plus
ni ronces , ni épines , ni crottes ,
ni cailloux.

3°. Si sous mes pas je découvre un
serpent ,
De mon pied j'écrase sa tête.

4°. Le chien veut-il le mordre ,
il l'écrase à l'instant.

5°. L'aiguillon des mouches ne le pique plus.

6°. Le soir, près de son feu, ses jambes peuvent lui servir de pincettes.

7°. Enfin huit ans après d'agréables services,
J'en fais du bois pour me chauffer.

Impuissant.

Un homme de la cour étoit soupçonné d'être impuissant, quoiqu'il ne laissât échapper aucune occasion de s'en défendre. Il rencontra *Benserade*, qui l'avoit souvent raillé à ce sujet. Eh bien ! Monsieur, lui dit-il en l'abordant, malgré toutes vos mauvaises plaisanteries, ma femme est pourtant accouchée hier d'un gros garçon. Eh ! Monsieur, répliqua Benserade, personne n'a jamais douté de madame votre femme.

Un gentilhomme qui avoit la même réputation , étoit dans une compagnie où une dame se laissa prendre un baiser par un cavalier. Le gentilhomme se présenta pour obtenir la même faveur. La dame l'arrêta , en lui disant : Tout beau , Monsieur , on n'accorde pas si vîte un baiser à un homme comme vous , pour qui c'est la derniere faveur.

————

On a fait les vers suivans sur un fameux procès de cette espece , dont les tribunaux ont retenti il y a plusieurs années.

Vainement la riche Emilie
Plaide , requiert , conclut et veut
Que d'avec un *Jean qui ne peut,*
Un prompt divorce la délie.
Les experts ayant affirmé
Que l'époux est bien conformé,
Quoiqu'en lui la nature dorme ,

Les choses de maniere iront,
Qu'il l'emportera pour la forme,
Quoiqu'il n'ait pas droit dans le fond.

———

Dans une officialité,
Ces jours passés une soubrette,
Passablement belle et bien faite,
Et d'une robuste santé,
Avec la bienséance ayant fait plein divorce,
Dit qu'un vieux médecin l'avoit prise par force,
Qu'il falloit le pendre, ou qu'il fût son mari.
Et comment, dit le juge, a-t-il pu vous prendre ?
Vous êtes vigoureuse, il falloit vous défendre,
L'avoir égratigné, dévisagé, meurtri.
J'ai, Monsieur, lui dit-elle,
De la force quand je querelle;
Mais je n'en ai point quand je ri.

Barri.

Sur leurs santés un bourgeois et sa femme
Interrogoient l'opérateur Barri;

Lequel leur dit : Pour vous guérir,
      madame,
Baume plus sûr n'est que votre mari :
Puis se tournant vers l'époux amaigri,
Pour vous, dit-il, femme vous est mor-
      telle.
Las ! dit alors l'époux à sa femelle,
Puisqu'autrement ne pouvons nous
      guérir,
Que faire donc ? Je n'en sais rien, dit-
      elle ;
Mais par S. Jean je ne veux point mourir.

Bossu.

Un prédicateur ayant dit en chaire, que tout ce que Dieu avoit fait étoit bien fait, un bossu par-devant et par-derriere l'attendit au bas de la chaire, et lui dit : *Que vous en semble, mon pere, me trouvez-vous bien fait ? Fort bien pour un bossu*, répondit le prédicateur.

———

Un bossu rencontra un borgne,

qui, pour le railler, lui dit : Où allez-vous donc si matin, avec votre malle sur le dos ? Il lui répondit : Vous croyez qu'il est si matin, parce que le jour n'entre chez vous que par une fenêtre.

Le bossu. — Conte.

Guillot, bossu par-devant et par-derriere,
Et goguenard (car tous les bossus le sont),
Pour se baigner, au bord de la riviere,
Mit ses habits, comme tant d'autres font.
Or, un voleur, à les embler fut prompt.
Mais quand Guillot eût fait son tripotage,
Et décrassé son sale parchemin,
Il regagna l'infidelle rivage,
Bien rafraîchi, mais nud comme la main.
Lors de plus près avisant son dommage,
Il le supporte en empereur romain.
De souhaiter que le diable t'emporte,
Maudit larron de mon seul vêtement,
Seroit, dit-il, vengeance un peu trop
          forte.
Pour un tel cas, je voudrois seulement
Pour te punir, du moins, vaille que vaille,
Que cet habit acquis furtivement
Pût te servir, et fût juste à ta taille.

Un homme de la plus haute
taille se promenoit un soir à la
foire S. Ovide, tandis qu'on jouoit
en-dehors des parades. Tout oc-
cupé des lazis qui se faisoient à
celles d'un jeu de marionnettes, il
heurta par mégarde un petit bossu,
qui, se redressant sur la pointe
du pied, apostropha très-incivi-
ement ce grand homme, ou plu-
ôt cet homme grand. Celui-ci,
sans témoigner la moindre colere,
affecta de se courber, et de dire,
en élevant la voix : *Qu'est-ce qui
est là-bas ?* L'Esope, furieux de
ce sarcasme, mit la main sur la
garde de son épée, et en demanda
la raison à son adversaire. Mais
l'homme de haute stature, toujours de l'air le plus tranquille,
prit le mirmidon par le milieu
du corps, et le posa sur le balcon
de la parade, en disant froi-
ement : Tenez, serrez votre

Polichinel , qui s'avise de faire ici du tapage.

Flux menstruel.

Les femmes du royaume d'Angola ont l'usage bisarre de tourner le derriere à la lune naissante, parce qu'elles regardent cette planette comme la cause de leurs infirmités périodiques.

Cancer.

La femme d'un officier de la petite écurie du roi étoit attaquée depuis très-long-tems d'un mal au sein, que l'on regardoit comme un cancer. On lui avoit conseillé l'opération , à laquelle elle ne voulut jamais se soumettre ; elle ressentit un jour, tout-à-coup, une douleur si vive , qu'elle fit un cri des plus aigus, et dans le même moment , son sein s'ouvrit et il en sortit une araignée d'une grosseur monstrueuse·

Taille.

Taille.

Un carme, grand prédicateur, qu'on voudra bien me dispenser de nommer, étant sur le point d'être taillé, pour le délivrer d'une pierre dans la vessie qui le faisoit beaucoup souffrir, dit au chirurgien : *Ne serai-je point impuissant après l'opération ?*

———

Certain ministre avoit la pierre :
On résolut de le tailler.
Chacun se permit de parler,
Et l'on égaya la matiere.
Mais comment, se demandoit-on,
A-t-il pareille maladie ?
C'est que son cœur, dit Florimon,
Sera tombé dans sa vessie.

Dissection.

Il est d'usage, en Angleterre, lorsqu'un criminel a été condamné à mort, qu'on ajoute, dans certains cas , à la sentence , que son cadavre sera disséqué. C'est une formule que les législateurs ont cru propre à effrayer ceux qui ne seront pas endurcis dans le crime. Voici à ce sujet une lettre que l'on a trouvée dans les papiers d'un chirurgien de Salisbury , mort il y a quelque tems.

MONSIEUR ,

» On m'a informé que vous
» étiez le seul chirurgien de cette
» ville et du comté qui disséquât
» des corps humains. Me trouvant
» dans une circonstance malheu-
» reuse , et étant d'une condition
» fort médiocre , je désirerois , au
» moins , vivre joyeusement aussi
» long-tems qu'il me sera possi-
» ble. Mais comme , selon toute
» apparence , je serai exécuté au
» mois de mars prochain , parce
» que je n'ai pas un ami qui veuille

» employer ses bons offices pour
» moi, et que personne ne m'en-
» voie un morceau de pain pour
» soutenir mon corps et mon es-
» prit jusqu'à l'instant fatal, je
» vous prie de passer ici : je vous
» vendrai mon corps qui est sain
» et entier, et qu'on livrera à vo-
» tre discrétion, persuadé qu'au
» moment de la résurrection gé-
» nérale, je le retrouverai dans
» votre laboratoire aussi-bien que
» dans le tombeau. Votre réponse,
» Monsieur, obligera sensible-
» ment votre très-humble servi-
» teur,

James BROOKE.

Dumoulin, ou plutôt *Molin*, médecin.

Dumoulin aimoit beaucoup l'argent, et il en recevoit beaucoup.
On cite à ce sujet de lui plusieurs
traits, qui peuvent trouver place

5.

dans ce recueil. Il sortoit de voir un de ses malades qui l'avoit payé en belle monnoie blanche ; comme la somme étoit un peu forte, il l'avoit mise dans ses poches. Il n'eut rien de plus pressé, en rentrant chez lui, et en montant ses escaliers, que de compter les écus qu'il avoit reçus ; l'attention qu'il prêtoit à ce compte l'empêcha de voir un particulier qui se trouva sur le même escalier, et qui le connoissoit. Ce particulier lui dit, en plaisantant : Attendez, monsieur Dumoulin, je vais vous chercher une chaise. Dumoulin le regarde, et lui répond d'un ris moqueur : Apprends, nigaud, qu'on est toujours à son aise, quand on compte son argent.

———

Un homme de la plus grande économie, pour ne pas dire avare,

ayant entendu dire que Dumoulin, à cet égard, l'emportoit sur
lui, va le trouver un soir, en
hiver, sur les huit heures. Il le
trouve dans une petite chambre
enfumée par la vapeur d'une lampe
qui ne donnoit presque point de
lumiere. Il lui dit en entrant : J'ai
appris, Monsieur, que vous êtes
l'homme du monde le plus éco-
nome ; je le suis un peu : mais je
souhaiterois l'être davantage, et
je viens vous prier de me donner
quelques leçons à ce sujet. N'y a-
t-il que cela, répondit Dumoulin ?
Prenez ce siége, et asseyez-vous.
En disant cela, il éteignit sa lampe,
et ajouta : Nous n'avons pas besoin d'y voir pour parler ; nous
en serons d'ailleurs moins dis-
traits. Eh bien ! de quoi s'agit-il ?
Ah ! Monsieur, s'écria l'étranger,
cette leçon d'économie me suffit ;
je vois bien que je ne serai jamais

qu'un petit garçon auprès de vous ; mais je vous proteste que j'en profiterai. Il se retira aussi à tâtons.

Onguent.

Entre les reptiles singuliers de la Chine, il y a une espece de lézard qu'on appelle tantôt *dragon de muraille*, parce qu'il se glisse le long des murs, tantôt *garde du palais* ou *garde des dames*, parce qu'il sert, dit-on, à éprouver et à conserver leur pudicité ; voici comment. On apprend, et c'est *Navarette* qui raconte ce fait dans son *Histoire des Voyages*, dont il paroît très-persuadé, que les empereurs chinois ont coutume de frotter le poignet de leurs femmes et de leurs concubines d'un onguent composé de la chair de ce lézard. On suppose que cet onguent leur imprime une marque qui ne s'efface point, tant qu'elles sont chastes, mais qui disparoît, lorsqu'elles ont fait quelque breche à leur honneur.

Dans la partie méridionale de l'Europe, et sur-tout dans les climats brûlans de toutes les contrées où le tempérament est plus précoce, plus vif et plus ardent, une telle épreuve troubleroit souvent la tranquillité des ménages. Mais les lézards de nos contrées n'ont heureusement pas pour les maris la même vertu que ceux des Chinois.

Un charlatan débitoit au marché
Certain onguent qu'il surfaisoit du
       double.
Par la sambleu, dit un rustre fâché,
A nos dépens, c'est pêcher en eau
       trouble.
L'hiver dernier, vous l'avez moins vendu.
D'accord, moi-même en ai l'ame peinée ;
Mais cet onguent est d'huile de pendu,
Et les Normands ont manqué cette année.

5...

Ordonnance.

Triller raconte qu'un Médecin de sa connoissance avoit toujours sa poche pleine d'ordonnances et de recettes. Lorsqu'il étoit consulté par des malades, il les faisoit prendre au hasard, les assurant que le rémede qu'ils tireroient, seroit, sans doute, le plus convenable à leur maladie. En effet, une dame, tourmentée d'un grand mal de gorge, ayant eu recours à cet Esculape, elle fouilla dans sa poche, et voyant qu'elle avoit tiré l'ordonnance d'un clistere, elle se mit si fort à rire, que l'abcès qu'elle avoit à la gorge, creva, et qu'elle fut totalement guérie.

———

Un médecin suisse ne passoit jamais auprès d'un cimetiere sans se couvrir le visage avec son mouchoir. Quelqu'un lui en ayant demandé la raison, c'est, répondit-il, que bien des gens étant ici par mon ordonnance, j'ai peur que quelqu'un d'eux ne me reconnoisse, et ne m'oblige de gîter avec lui.

Haleine.

Un grand seigneur qui avoit l'haleine mauvaise, affectoit de ne rien dire à une dame dans une visite qu'il lui rendit. La dame, piquée, voulant se venger de ce silence insultant, appela ses gens, et leur dit : *Voyez si Monsieur n'est pas mort ! pour moi je le crois, et la preuve, c'est qu'il pue, et ne dit mot.*

———————

On lit dans la vie de St. Colomban, que, prêchant un jour aux environs du Lac de Zurich, et voyant les habitans prêts à faire un sacrifice à leurs idoles, ayant au milieu d'eux une grande cuve pleine de bierre qu'ils alloient offrir au dieu Mars, St. Colomban souffla dessus, et dans l'instant la cuve se brisa, la bierre se répandit, et les spectateurs se regardant les uns les autres, dirent avec étonnement : *Cet homme-là a une bonne haleine.*

———

Une courtisanne reprochoit à Hiéron, tyran de Syracuse, qu'il avoit l'haleine puante. Hiéron ne dit rien ; mais il alla se plaindre à sa femme, de ce qu'elle ne l'avoit pas averti de ce défaut. Je croyois, répondit cette femme vertueuse, que tous les hommes avoient l'haleine semblable à la vôtre. Une duchesse de Bretagne fit la même réponse à son mari.

L'haleine d'Abdalmalek , cinquieme calife, qui régna en 784, et qui fit la conquête des Indes , de la Mecque , de Medine , etc. étoit si infecte, qu'elle tuoit , dit-on, les mouches qui se reposoient sur ses levres. C'est bien là ce qu'on appelle une hyperbole orientale.

———

Benserade étant un jour dans une compagnie où une demoiselle qui avoit l'haleine très-forte se mit à chanter, il dit à son voisin, après qu'elle eut chanté : Voilà une très-belle voix et de fort belles paroles ; mais l'air n'en vaut rien.

Cautere.

Tout prêt d'entrer dans le lit nuptial ,
Pardonnez-moi , disoit monsieur Dorval
A sa moitié; mais je ne puis plus taire
Un triste aveu que m'obligent à vous faire
Ma conscience et le nœud conjugal.

— Expliquez-vous. — J'ai.... — Quoi ?
— J'ai certain mal....
Que jusqu'ici, craignant de vous dépla re,
J'ai cru devoir dérober à vos yeux.
— Vous m'alarmez. — Ce mal me dé-
sespere.
— Qu'est-il donc ? — C'est , Madame ,
un cautère.
—Un? ce n'est rien ; moi, Monsieur,
j'en ai deux.

Virginité.

Un jeune médecin de Montpel-
lier disoit à une fille de Paris qui
avoit une grosse fievre : » J'ai,
» ma mie, une poudre spécifique
» contre votre mal. Si vous êtes
» vierge, elle vous guérira infailli-
» blement ; si, au contraire, vous
» ne l'êtes pas , et que vous osiez
» en faire usage , elle vous sera
» très-nuisible ; voyez, consultez-
» vous , et sur -tout ne me trom-
» pez pas. « La malade, après
un peu de réflexion , lui dit :
Donnez-moi, je vous prie , quel-

qu'autre remede , et si vous y mettez de votre poudre , n'en mettez pas beaucoup.

———————

Quel contraste dans les goûts et dans les mœurs des différentes nations ! Après le cas que nous voyons que font la plupart des hommes de la virginité, imagine-roit-on que certains peuples la méprisent, et regardent comme un ouvrage servile la peine qu'il faut prendre pour emporter cette fleur ? Que la superstition ait porté certains peuples à céder les pré-mices des vierges aux prêtres de leurs idoles , ou à en faire une espece de sacrifice à l'idole même ; que les prêtres des royaumes de Cochin et de Calicut jouissent de ce droit ; que chez les Canarins de Goa les vierges soient prosti-tuées de gré ou de force par leurs plus proches à une idole de fer, on peut, on doit même gémir sur l'erreur de ces peuples : mais enfin les vues de religion qui les portent à ces excès, semblent les excuser.

Mais que chez d'autres peuples on attache un déshonneur à dépuceler une fille ; qu'au royaume d'Arracan et aux îles Philippines un homme se croit déshonoré, s'il épousoit une fille qui n'eût pas été dépucelée par un autre ; que dans la province de Thibet les meres cherchent des étrangers, qu'elles prient instamment de mettre leurs filles en état de trouver des maris ; qu'à Madagascar les filles les plus débauchées soient le plutôt mariées ; ce sont-là de ces grosses contrariétés avec lesquelles ni nos mœurs, ni nos idées ne peuvent en aucune maniere se lier. Que les usages des anciens étoient bien différens ! Ils avoient tant de respect pour les vierges, que lorsqu'elles étoient condamnées au dernier supplice, on ne les faisoit mourir qu'après que le bourreau les avoit déflorées.

Chimiste.

Un chimiste, qui faisoit le médecin, fut un jour appelé auprès d'un malade. La compagnie étoit nombreuse, sur-tout en femmes. Notre homme veut faire le docteur, et parler en savant des admirables productions de la nature. Il citoit à tous momens *Paracelse*, dans les ouvrages duquel il disoit avoir vu les choses les plus curieuses. Les femmes l'écoutoient attentivement, lorsqu'il ajouta qu'entr'autres secrets donnés par cet habile chimiste, il avoit trouvé celui de faire un enfant sans le secours d'une femme.

Ce discours ne fut pas bien reçu, comme on le croit bien, des femmes présentes : une d'elles prit la parole, et dit que ce secret étoit diabolique, et que l'auteur auroit dû être brûlé par son livre. Toutes les femmes ayant pris parti dans cette affaire, le chimiste fut trop heureux de trouver la porte, pour se soustraire à leur vengeance.

Tête de mort.

Les feuillans de la premiere réforme avoient imaginé un genre de mortification bien singulier : on mettoit des cranes humains sur leur table, et ils n'avoient pas d'autre tasse pour boire.

Le pere Honoré, célebre capucin, traitoit en chaire, sous une forme burlesque, les vérités les plus terribles de la religion, et cependant, en faisant rire, il bri-
soit

soit les cœurs. Lorsqu'il prêchoit, il prenoit dans ses mains une tête de mort. Parle, lui disoit-il en son langage provençal, ne serois-tu pas la tête d'un magistrat ? Comme elle n'avoit garde de répondre, il ajoutoit, *qui ne dit rien consent ;* il lui mettoit alors un bonnet de juge, et lui faisoit une sévere mercuriale sur les abus qu'elle avoit pu commettre dans l'exercice de son ministere. Il jetoit ensuite cette tête avec une espece d'emportement, et en reprenoit successivement plusieurs autres, parcourant ainsi toutes les conditions, et adressant à chaque tête un discours analogue à l'état qu'il lui avoit donné ; il la coiffoit différemment, suivant les sujets qu'il avoit à traiter, et toujours avec ce refrein, *qui ne dit mot consent.*

Médeciniana. 6

Eunome.

Tel est le nom vrai ou supposé d'un médecin qui est le sujet de la 73e. épigramme du poëte Ausone ; elle nous fait voir que dans ce tems-là on regardoit la plupart des médecins comme de vrais charlatans. » Ce médecin dit un » jour que Cajus, son malade, » ne pouvoit en réchapper. Ce- » pendant il ne mourut pas de » cette maladie , plutôt par le » secours des dieux , que par ce- » lui du médecin. Peu de tems » après , Eunome l'aperçut, ou » crut le voir en songe, pâle, » défiguré , et semblable à un » spectre. Qui êtes-vous, s'écria- » t-il ? — Je suis Cajus. — Quoi! » vous vivez encore ! — Non , sans » doute. — Mais que venez-vous » faire ici ? — Comme j'ai con- » servé la mémoire des hommes

» que j'ai connus dans ce monde,
» je suis venu par ordre de Plu-
» ton pour chercher les médecins.
» A ces mots, Eunome pâlit de
» frayeur. Ne craignez rien, ré-
» pliqua Cajus. Tout le monde
» assure, comme moi, qu'il n'est
» personne de prudent qui osât
» vous donner le nom de mé-
» decin. «

Anus.

Les Espagnols appellent l'anus,
ojo sin nifia, œil sans prunelle.

Squelette.

Un chirurgien hollandois, qui
s'étoit fixé à Moscou, jouoit du
luth dans les momens que sa pro-
fession lui laissoit libres ; plusieurs
Strelits, en passant dans la rue,
s'arrêterent à la porte du chirurgien pour l'entendre. Un d'eux,
plus curieux, ayant aperçu un
squelette pendu derriere lui, qui

étoit agité par le vent de la fenêtre , fut si effrayé , qu'il prit aussitôt la fuite , en criant que cette
maison étoit habitée par un sorcier. Les autres *Strelits* , qui par-
tagerent la frayeur de leur cama-
rade , répandirent dans le public
que ce sorcier faisoit danser les
morts au son de son luth.

Le czar et le patriarche nom-
merent trois personnes pour véri-
fier le fait ; on assembla ensuite
le conseil , et le pauvre chirurgien fut condamné à être brûlé
vif avec son squelette.

Heureusement un seigneur, plus
instruit que le conseil, représenta
au czar que, dans les pays où la
chirurgie avoit fait des progrès,
on avoit des squelettes sur lesquels on étudioit la composition
du corps humain ; il fit sentir par-
là combien il étoit atroce et ridi-
cule d'avoir condamné au feu un

chirurgien, pour avoir eu chez lui un squelette.

Sur cette représentation sage, l'infortuné hollandois auroit, sans doute, dû être déclaré innocent, peut-être même récompensé par le czar ; mais la seule grace que le seigneur russe put obtenir, ce fut de faire commuer la peine du feu en celle du bannissement perpétuel. Le squelette, qui avoit été regardé comme complice du crime prétendu du chirurgien, fut condamné à subir les peines qui avoient été prononcées contre celui-ci ; il fut traîné dans les rues de Moscou, et ensuite brûlé.

Côte.

Un jeune homme qui ne quittoit presque jamais une demoiselle qu'il aimoit, dit à quelqu'un qui le badinoit à ce sujet : Je cherche, comme fils d'Adam, la côte

6..

qui me manque , dont je crois que mademoiselle a été formée à mes dépens.

Colin , médecin.

» Il y avoit, dit Palissy, en
» une petite ville de Poitou , un
» médecin aussi peu savant qu'il
» y en eut dans tous les pays,
» et toutefois , par une seule fi-
» nesse , il se faisoit quasi adorer.
» Il avoit une étude secrette bien
» près de la porte de sa maison,
» et , par un petit trou , il voyoit
» ceux qui lui apportoient des
» urines , et étant entré dans la
» cour , sa femme , bien instruite,
» se venoit asseoir sur un banc
» près de l'étude , où il y avoit
» une fenêtre fermée de chassis ,
» et interrogeoit le porteur d'où
» il étoit, lui disoit que son mari
» étoit en la ville , mais qu'il
» viendroit bientôt, et le faisoit

» asseoir auprès d'elle , l'interro-
» geoit du jour que la maladie prit
» au malade , et en quelle partie
» du corps étoit son mal , et con-
» séquemment de tous les effets et
» signes de la maladie ; et pen-
» dant que le messager répondoit
» aux interrogations , le médecin
» écoutoit tout , et puis sortoit
» par une porte de derriere , en
» rentrant par la porte de devant,
» par où le messager le voyoit ve-
» nir. Lors , la dame lui disoit :
» Voilà mon mari , parlez-lui.
» Ledit porteur n'avoit pas sitôt
» présenté l'urine , que monsieur
» le médecin la regardoit avec
» fort belle constance , et après
» il faisoit un discours sur la ma-
» ladie , suivant ce qu'il avoit en-
» tendu du messager par son étu-
» de ; et quand le messager étoit
» retourné au logis du malade , il
» contoit comme un grand mira-

» cle le savoir du médecin, qui
» avoit connu toute la maladie,
» soudain qu'il avoit vu l'urine,
» et par ce moyen, le bruit de
» ce médecin augmentoit de jour
» en jour. «

Existence.

L'existence est une pendule
Que par soi-même il faut guider :
Malheur à l'homme trop crédule
Qui la donne à raccommoder !
On croit qu'Hippocrate calcule,
Quand il s'agit d'y regarder.
Mais il l'avance sans scrupule,
Ne pouvant la retarder.

Parodie de cette épigramme :

L'existence est une pendule
Qu'en vain soi-même on veut guider.
Malheur à tout homme incrédule
Qui ne la sait raccommoder.
Sans doute qu'Hippocrate calcule,
Quand il s'agit d'y regarder.
Il la retarde sans scrupule,
Quoiqu'on s'obstine à l'avancer.

Eaux de Passy.

Une jeune dame fort aimable, mais attaquée de vapeurs, ainsi que cela est ordinaire à toutes les jolies femmes, prenoit, depuis six semaines, par ordre de son médecin, les eaux de Passy, sans en ressentir aucun soulagement. Celui qui étoit chargé de lui envoyer les bouteilles, à mesure qu'elle en prenoit, se trouva un jour chez un financier, son ami et celui de la dame, lequel plaisanta beaucoup sur l'inutilité de cette boisson, et, suivant son goût dominant, persuada à son ami que la dame feroit beaucoup mieux de prendre de l'eau-de-vie d'Andaye, que de l'eau ferrugineuse. Enfin il pérora si bien, qu'il fit consentir l'ami commun à recevoir de lui trois bouteilles d'eau-de-vie d'Andaye, et à les porter chez la dame, en lui faisant accroire que c'étoit des eaux de Passy.

L'eau-de-vie fut mise au bain Marie dans un gobelet, à la dose d'environ un demi-septier, et apportée à la dame, qui étoit au lit, par sa femme de chambre. Au moyen de la précaution que la malade prenoit, pour éviter l'odeur des eaux, de se pincer le nez, lorsqu'elle buvoit, la liqueur passa dans le gosier avec la promptitude de l'éclair : mais à peine fut-elle dans l'estomac, qu'elle se fit vivement sentir : la malade se trouva bientôt attaquée de tous les symptômes de l'ivresse la plus complete ; elle vomit beaucoup ; mais ce qu'on aura peine à croire, c'est que cette crise finie, la malade se trouva parfaitement guérie de tous les maux dont elle se plaignoit, et n'eut plus besoin de médecin.

Chapetonade.

On donne ce nom à une maladie qui attaque presque toujours, et plus particuliérement ceux qui arrivent à Carthagene en Terre-Ferme. Ce nom vient du mot *Chapeton*, qu'on donne aux Européens nouvellement arrivés. Ceux qui sont attaqués de cette maladie, éprouvent un délire si furieux, qu'on est obligé de les lier pour les empêcher de se mettre en pieces ; ils expirent souvent au milieu de ces transports , comme dans une espece de rage. Les malades ne sont pas reçus dans les hôpitaux, à moins qu'ils ne soient en état de payer. Ceux qui ne peuvent , par cette raison , y entrer, n'ont d'autre ressource que la nature et la providence. Mais c'est à ce point que le peuple les attend. Une négresse libre , une mulâtre ou une Indienne , touchée de leur état , les retire chez elle , et les traite avec autant de soin que d'affection. S'ils meurent entre ses mains , elle les enterre , et son zele va jusqu'à leur faire dire des messes. Il est vrai que la suite ordinaire de cette maladie est que le malade , s'il guérit , épouse sa bienfaitrice.

Entorse.

George II , roi d'Angleterre , avoit coutume d'aller tous les samedis , l'été , à Kinsington. La princesse Amélie se donna une entorse dans un de ces voyages ; on appliqua dessus des compresses trempées dans l'eau-de-vie. Croiroit-on que dans le compte de la fin de l'année , le comptable porta un article de trois cent soixante-cinq bouteilles d'eau-de-vie pour l'usage de la princesse ? Cette anecdote est tirée des papiers Anglais, année 1780.

Hernie.

Le tour suivant, assez plaisant, fut joué par deux particuliers à un abbé de leur connoissance, et à plusieurs chirurgiens herniaires. Le comte de*** , dans le négligé d'un malade languissant, le ventre entouré de serviettes, qui faisoient un gros volume, monte dans un fiacre avec le baron C*** , fait arrêter sur le quai Pelletier, à une boutique où pendoient des brayers. Le laquais avertit le bandagiste, qu'il y a dans la voiture qui est à sa porte, un abbé de très-grande condition, qui demande à lui parler. Le chirurgien monte dans la voiture. Le prétendu malade lui dit qu'il est venu à Paris pour consulter sur une hernie considérable qu'il porte depuis long-tems ; qu'on l'a adressé à lui comme étant très-expérimenté , et en état de le guérir ; ce qu'il le prie d'effectuer le plutôt possible , offrant même de le payer d'avance ; ce que refuse le chirurgien. Il convient avec lui d'aller le visiter le lendemain matin à huit heures et de lui porter plusieurs brayers à essayer. On donne au bandagiste le nom et la demeure de l'abbé , dont on vouloit se jouer. Le comte et le baron vont répéter la même scene chez plusieurs autres chirurgiens herniaires , auprès desquels ils jouent le même rôle ; ensorte que le lendemain , sur les huit heures , arrivent à la porte de M. l'abbé H***, les uns après les autres , une file de carosses , desquels descendent des chirurgiens avec des brayers, demandant à parler à M. l'abbé. L'étonnement de l'abbé de voir

tant de chirurgiens à ses trousses,
la surprise de ses chirurgiens de
se trouver en aussi grand nombre, leurs brayers à la main, leur
dialogue avant d'être désabusés,
ce qu'ils dirent lorsqu'ils le furent, le chagrin enfin d'avoir été
pris pour dupes, ainsi que l'abbé,
tout cela donna lieu à une scene
des plus comiques. Il fallut pourtant se résoudre à quitter la place ;
les uns payerent leur fiacre, et
s'en retournerent à pied, les autres se firent reconduire chez eux.

———

On interrogeoit un jeune aspi-
rant à la maîtrise sur les hernies ;
il étoit question de la cure, et
on lui demanda les moyens cura-
tifs à employer, dans le cas où la
hernie est accompagnée d'étran-
glement. Comme il en oublioit
un, qui réussit quelquefois dans
ce cas, l'application de la glace

sur la hernie, celui qui l'interrogeoit, après le lui avoir rappelé,
lui demanda comment il emploie-
roit ce moyen. Il répondit avec
la plus grande ingénuité et très-
sérieusement, qu'il feroit fricasser
la glace avec du beurre ou de la
graisse, pour en faire un cata-
plasme qu'il appliqueroit sur la
tumeur. Les risées qu'excita cette
réponse furent telles, que l'examen ne put être continué.

Hydropisie.

Un vieillard étant hydropique,
Languissant, et prêt à mourir,
Les médecins du lieu mirent tout en
pratique
Pour lui donner secours, sans pouvoir
le guérir.
Il apprend qu'en certaine ville,
Eloignée d'environ troislieues de chemin,
Etoit un médecin habile.
Il se mit en litiere, et l'alla voir soudain.
Sa femme, jeune et belle et d'un joli
corsage,
L'accompagna

L'accompagna dans ce voyage,
Le médecin étoit fort bien fait et vi-
goureux :
De la femme aussitôt il devint amoureux,
Et ne s'attacha qu'à lui plaire ;
Enfin , il fit si bien , par ses soins , par
son art ,
Qu'en trois ou quatre mois il guérit le
vieillard ,
Le tirant pleinemeut d'affaire ;
Et dans le même tems étant le favori
De la jeune et charmante dame ,
A mesure qu'il fit désenfler le mari ,
Par un plaisant retour il fit enfler la
femme.

———————

Louis XV , quelque tems après
la bataille de Fontenoy , félicitoit
le maréchal de Saxe sur sa bonne
santé , et lui disoit que ses vic-
toires et ses exploits sembloient
avoir contribué à le guérir d'une
hydropisie , dont il étoit déjà attaqué lors de cette bataille. Le maréchal de Noailles , qui étoit présent , dit : M. le maréchal de

Saxe est le premier général que
la gloire ait désenflé.

Nature.

Dans un bon corps nature et maladie
Étoient aux mains. Une aveugle vient là :
C'est médecine, une aveugle étourdie,
Qui croit par force y mettre le holà.
A droite, à gauche, ainsi donc la voilà,
Sans savoir où, qui frappe à l'aventure
Sur celle ci, comme sur celle-là,
Tant qu'une enfin céda. Ce fut nature.

Toux.

La prise de la Grenade ayant
fait du bruit dans le tems (en
1780), on donna le nom de cette
île à mille objets différens, et entr'autres à une espece de toux qui
régna l'hiver suivant. Cette maladie fut aussi nommée la *coquette* ;
voici un assez mauvais conte qu'on
a débité à ce sujet. Un amant de
province, persécuté par une maîtresse coquette, vint se réfugier

à Paris ; il fut attaqué de la toux régnante ; on le plaignoit d'être tourmenté par la coquette ; il crut qu'on lui parloit de sa maîtresse ; il demanda où elle étoit. On lui répondit qu'elle étoit à Paris. L'infortuné se désespéra ; il voulut partir sur-le-champ ; l'énigme fut débrouillée, et calma son désespoir.

————

Les prédicateurs d'autrefois affectoient de tousser pour donner de la grace à leur déclamation. On voit encore des *hem* à la marge des vieux sermons, pour marquer les endroits où il falloit tousser ; témoins ces vers :

Le tousser précieux, le trompeter du nez
  Sont talens ambitionnés ;
  Mais en style prédicatoire
  Sont-ils toujours bien amenés ?
  Sont-ils toujours bien combinés ?
Du célebre Maillard qu'on consulte l'histoire.

Un mari et une femme qui avoient chacun leur lit, comme c'est assez l'usage maintenant, même parmi les bourgeois, étoient convenus ensemble que lorsque l'un des deux tousseroit, l'autre iroit le trouver. On juge bien que les premiers jours de la convention faite, la femme attendoit, soit patiemment, soit impatiemment, que son mari toussât : ennuyée, à la fin, d'attendre, elle croit une nuit avoir entendu le signal, et n'a rien de plus pressé que d'aller trouver M. son époux, dans la crainte encore qu'il n'ait toussé deux fois. Mais celui-ci, qui dormoit profondément, et qui ne s'attendoit à rien moins qu'à être réveillé, se fâcha de ce que sa femme avoit interrompu son sommeil. Elle eut beau l'assurer à plusieurs reprises qu'il avoit toussé, il le nia fortement ; il ne voulut pas même convenir qu'il eût toussé en rêvant, et il fallut que la dame regagnât son logis, sans avoir satisfait son appétit.

Quelque tems après, ce mari, si peu complaisant, tomba malade, et mourut. Lorsque la douleur de sa femme (qu'on se doute bien n'avoir pas été portée à l'excès) fut calmée, elle alla à l'endroit où il étoit enterré, et sétant jetée à genoux sur sa fosse, elle y fit dévotement sa priere ; mais en se levant, après le *requiescat in pace*, elle dit : *Ce qui est passé est passé ; Dieu te fasse miséricorde ; mais tu avois assurément toussé.*

Maladie.

Dans Penarmbuce, province du Brésil, quand quelqu'un tombe malade, on lui assigne un tems pour guérir, et si dans ce tems-là il n'a pas recouvert la santé, on le tue pour le délivrer de tous les maux qu'il souffriroit , s'il restoit plus long-tems malade. Chez les Mégaburiens , ceux qui étoient si affoiblis par l'âge , qu'ils ne pouvoient plus suivre leurs troupeaux, ou qui étoient atteints de quelque maladie incurable , s'attachoient par le cou à la queue d'une vache, qui les étrangloit en les traînant. C'étoit choisir une singuliere maniere pour mourir.

Un habitant de Nanking , ville de la Chine , dont la fille unique étoit attaquée d'une maladie dangereuse , accabloit tous les jours son idole de prieres , d'offrandes , de sacrifices , et n'épargnoit rien pour obtenir la guérison de sa fille. Les bonzes , qui profitoient de ses libéralités, l'avoient assuré, de la part de l'idole , que sa fille guériroit bientôt ; cependant elle mourut. Le pere désolé , intenta un procès à l'idole. L'affaire fut agitée dans plusieurs tribunaux ; et après bien des discussions, le pere gagna son procès , et l'idole fut bannie à perpétuité du royaume , comme impuissante et inutile : on démolit son temple , et on châtia sévérement les bonzes trompeurs.

———

Arlequin feint le malade dans une comédie : un médecin qui l'a guéri lui demande son paiement ; mais Arlequin refusant toujours de le payer , le médecin le fait assigner. Lorsqu'ils sont tous deux devant le juge , Arlequin dit qu'il ne veut pas de la santé que le médecin lui a donnée , et offre de la lui rendre , étant prêt à la déposer au greffe , à condition que le médecin y déposera aussi la maladie qu'il lui a ôtée ; en sorte qu'alors chacun prendra ce qui lui appartenoit.

Mutilation.

Une femme de la secte des Méthodistes, demeurant à Newcaste, se rendit, la nuit du 23 octobre 1763, à la maison où s'assemblent ces enthousiastes, et là, dans un accès de zele, elle se coupa les deux oreilles, les deux levres, le nez, les deux mammelles, se donna un coup de couteau au-dessus du sein gauche, se fit deux blessures au-dessus des yeux, qu'elle vouloit s'arracher, et finit par se couper la gorge ; malgré toutes ces mutilations, elle guérit.

———

Les châtimens les plus usités chez le peuple d'Achem, en Asie, pour les fautes communes, sont la bastonnade et la mutilation de quelque membre ou partie, comme d'un bras, d'une jambe, du nez, d'une oreille. Après l'exécution, chacun s'en retourne chez soi, sans qu'on puisse distinguer le coupable des accusateurs, c'est-à-dire, que ni d'une part ni de l'autre, on n'entend aucune plainte, aucun reproche. Tout homme est sujet à faillir, disent les Achénois, et le châtiment expie la faute. Ce qu'il y a de plus singulier, c'est que ces mutilations sont rarement mortelles, quoiqu'on n'y apporte pas d'autre remede, que d'arrêter le sang, et de bander la plaie. Une autre circonstance bien remarquable dans ces sortes de châtimens, c'est l'espece de traité que font ensemble, avant la mutilation, le bourreau et le criminel, celui-ci concluant son marché avec l'autre pour être mutilé proprement, et avoir le nez ou les oreilles coupées d'un seul coup.

Scorbut.

Dans l'île de Java, les marins en arrivant s'enterrent tout vifs dans le sable ; c'est, selon eux, le remede le plus prompt pour guérir le scorbut.

Goutte.

Borise Godonnove , grand duc de Moscovie , étant tourmenté de la goutte , invita , par de grandes promesses , ceux de ses sujets qui connoissoient quelque remede à ce mal , à le déclarer. La femme d'un Boyard , qui désiroit se venger des mauvais traitemens qu'il lui faisoit éprouver , crut devoir profiter de cette circonstance pour prendre sa revanche ; elle usa du stratagême de Sguanarelle , ou plutôt Moliere a fait usage du trait suivant dans sa comédie du Médecin malgré lui.

Quoi qu'il en soit, cette femme

alla trouver le ministre , et lui dit que son mari avoit un spécifique excellent contre la goutte ; mais qu'il n'aimoit point assez S. M. pour le lui donner. On envoya quérir le Boyard ; il eut beau protester son ignorance , on ne voulut pas le croire , et on le mit en prison , où on le fouetta jusqu'au sang , pour tirer de lui son prétendu secret : enfin on lui signifia qu'il falloit ou qu'il révélât ce secret, ou qu'il se résolût à mourir. Ce malheureux voyant que , quelque parti qu'il prît , sa perte étoit inévitable , préféra convenir de ce qu'on vouloit qu'il sût , et avoua qu'il connoissoit des remedes contre la goutte , mais qu'il n'avoit pas osé en faire usage pour S. M. , crainte qu'il ne réussissent pas. Il demanda quinze jours pour préparer son remede. Ils lui furent accordés. Il envoya pendant ce tems là à Czirback , à deux journées de Moscou , sur la riviere d'Occa , d'où il se fit amener un charriot de toutes sortes d'herbes, qu'il n'avoit jamais ni vues ni connues , mais dont il fit préparer un bain , à telle fin que de raison, et dans lequel il fit mettre le grand duc.

Le malheureux Boyard se seroit cru encore trop heureux , que le bain n'eût fait ni bien ni mal ; mais quel fut son étonnement , lorsqu'au troisieme ou quatrieme bain , les douleurs de S. M. se calmerent , et qu'elle se trouva entiérement guérie au sixieme ! Il fut alors interrogé de nouveau sur son secret , dont il crut ne devoir plus faire mystere ; il entreprit même de se faire honneur d'une cure qu'il ne devoit qu'au hasard. Il s'attendoit , en conséquence , à une grande récompense ; elle lui fut, en effet, accordée, et le czar lui fit donner quatre cens écus et dix-huit paysans : mais il le fit fouetter de nouveau encore plus fort que les autres fois, pour le punir de n'avoir pas employé tout de suite son secret. Reste à savoir comment ensuite la femme s'est tirée d'affaire avec son mari ; c'est ce que l'histoire ne dit pas.

———

Un seigneur Anglais étoit dans son lit cruellement tourmenté par la goutte, lorsqu'on lui annonça un médecin qui avoit un remede sûr contre ce mal. Ce docteur est-il venu en carrosse ou à pied, damanda le lord ? A pied, répondit le domestique. Eh bien ! va dire à ce frippon de s'en retourner. S'il avoit le remede dont il se vante, il rouleroit carrosse à six chevaux, et j'aurois été le chercher moi-même, et lui aurois offert la moitié de mon bien pour être délivré de mon mal. Il faut avoir éprouvé soi-même les cruelles douleurs de la goutte , pour croire que cette histoire n'est pas un conte.

Agonie.

A la Cochinchine , lorsqu'un malade est à l'agonie, ses parens et ses amis prennent les armes , et s'assemblent autour de son lit : là ils agitent de côté et d'autre leurs sabres et leurs cimeterres ; et s'escrimant sérieusement contre l'air , ils s'imaginent empêcher par-là les démons d'approcher.

———

Chez les Sigans , quand le chef d'un canton est à l'agonie , on étend des fleurs et des herbes odoriférantes tout le long de sa cabane : douze jeunes garçons et douze jeunes filles qu'on a choisis, entrent , et chacun de ces douze

couples , lorsqu'un certain signal
a été donné , travaille avec ardeur
à la production d'un enfant , afin
que l'ame du mourant , en quit-
tant son corps , en trouve un autre où elle se loge , et qu'elle ne
soit pas long-tems errante. Quelle
bonne précaution !

Difformité.

Un bourgeois de Tauris , assez
riche , avoit une fille qu'il aimoit ,
mais si difforme , qu'il falloit être
son père pour la supporter. Cet
homme voulant la pourvoir, imagina de la marier à un aveugle ,
dans l'espérance que celui-ci ne
voyant pas la difformité de son
épouse, ne la mépriseroit pas. Il
trouva son homme , et *Umer*
épousa la fille sans la voir. Il sur-
vint, peu de tems après , à Tauris , un fameux oculiste, que l'on
disoit avoir rendu la vue à plu-

sieurs personnes , qui passoient
pour être tout-à-fait aveugles.
Comme on prioit le beau-pere
de mener son gendre à cet oculiste , je m'en garderai bien , répondit-il ; s'il rendoit la vue à
mon gendre , celui-ci me rendroit
bientôt ma fille ; restons tous chacun comme nous sommes.

———

Au sortir d'une représentation
d'Œdipe , un homme de la cour,
qui donnoit la main à une dame
tout-à-fait attendrie du spectacle,
dit à l'auteur : Voici deux beaux
yeux auxquels vous avez fait ré-
pandre bien des larmes. Ils s'en
vengeront sur bien d'autres , répliqua M. de Voltaire.

F I N.